Gestión de Redes orientado a la Telemática y Cableado Estructurado

Antonio Cortés

Gestión de Redes orientado a la Telemática y Cableado Estructurado

Gestión de Redes, Tecnologías de la Información y Conocimiento y Networking

Editorial Académica Española

Impresión

Información bibliográfica publicada por Deutsche Nationalbibliothek: La Deutsche Nationalbibliothek enumera esa publicación en Deutsche Nationalbibliografie; datos bibliográficos detallados están disponibles en internet en http://dnb.d-nb.de.

Los demás nombres de marcas y nombres de productos mencionados en este libro están sujetos a la marca registrada o la protección de patentes y son marcas comerciales o marcas comerciales registradas de sus respectivos propietarios. El uso de nombres de marcas, nombre de producto, nombres comunes, nombre comerciales, descripciones de productos, etc. incluso sin una marca particular en estas publicaciones, de ninguna manera debe interpretarse en el sentido de que estos nombres pueden ser considerados ilimitados en materias de marcas y legislación de protección de marcas y, por lo tanto, ser utilizadas por cualquier persona.

Imagen de portada: www.ingimage.com

Editor: Editorial Académica Española es una marca de
LAP LAMBERT Academic Publishing GmbH & Co. KG
Heinrich-Böcking-Str. 6-8, 66121 Saarbrücken, Alemania
Teléfono +49 681 3720-310, Fax +49 681 3720-3109
Correo Electronico: info@eae-publishing.com

Publicado en Alemania
Schaltungsdienst Lange o.H.G., Berlin, Books on Demand GmbH, Norderstedt,
Reha GmbH, Saarbrücken, Amazon Distribution GmbH, Leipzig
ISBN: 978-3-8484-6243-8

Imprint (only for USA, GB)

Bibliographic information published by the Deutsche Nationalbibliothek: The Deutsche Nationalbibliothek lists this publication in the Deutsche Nationalbibliografie; detailed bibliographic data are available in the Internet at http://dnb.d-nb.de.

Any brand names and product names mentioned in this book are subject to trademark, brand or patent protection and are trademarks or registered trademarks of their respective holders. The use of brand names, product names, common names, trade names, product descriptions etc. even without a particular marking in this works is in no way to be construed to mean that such names may be regarded as unrestricted in respect of trademark and brand protection legislation and could thus be used by anyone.

Cover image: www.ingimage.com

Publisher: Editorial Académica Española is an imprint of the publishing house
LAP LAMBERT Academic Publishing GmbH & Co. KG
Heinrich-Böcking-Str. 6-8, 66121 Saarbrücken, Germany
Phone +49 681 3720-310, Fax +49 681 3720-3109
Email: info@eae-publishing.com

Printed in the U.S.A.
Printed in the U.K. by (see last page)
ISBN: 978-3-8484-6243-8

Tabla de contenidos

PREFACIO 3
CAPÍTULO 1: PERSPECTIVAS.. 5
    1. INTRODUCCIÓN... 6
        1.1 Antecedentes... 6
        1.2 Planteamiento del problema.. 6
        1.3 Objetivos... 7
            1.3.1 Objetivo General.. 7
            1.3.2 Objetivos Específicos...................................... 7
CAPÍTULO 2: GESTIÓN Y ADMINISTRACIÓN DE TECNOLOGÍAS DE
                INFORMACIÓN Y NETWORKING................................... 8
    2.1 Mantenimiento preventivo y correctivo.............................. 9
    2.2 Cableado Estructurado.. 10
        2.2.1 Ámbito de aplicaciones de los estándares ANSI/TIA/EIA................. 11
        2.2.2 Aplicaciones típicas para un sistema de cableado estructurado............. 11
        2.2.3 Categorías de cableado... 12
        2.2.4 Cables (Planta interna) 12
            2.2.4.1 Cables UTP... 12
            2.2.4.2 Código de los colores............................... 12
            2.2.4.3 Pares de cobre...................................... 13
            2.2.4.4 Trenzado en los pares de cobre.................... 13
    2.3 Gestión de la red de datos.. 14
    2.4 Conectores y Tarjetas de red... 16
    2.5 Ancho de banda en los cables de pares trenzados................. 17
    2.6 Ancho de banda en los sistemas de transmisión de datos......... 18
    2.7 Ancho de banda... 18
    2.8 Equipos de comunicación de datos.................................. 19
CAPÍTULO 3: MATERIALES Y MÉTODO.................................... 20
    3.1 Materiales... 21
    3.2 Métodos.. 21
CAPÍTULO 4: RESULTADOS Y DISCUSIÓN................................ 24
    4.1 Resultados y Discusión... 25
Conclusiones.. 31
Referencias Bibliográficas... 33

PREFACIO.

Este libro está dirigido a todos aquellos que tienen relación directa con la gestión y administración de Tecnologías de Información y networking, por sus siglas GATIN, las cuáles abarca aspectos y características claves de las siguientes áreas del conocimiento: de informática, telemática y telecomunicaciones. Es importante resaltar que la literatura esbozada en esta obra, perfectamente, puede servir como apoyo desde una óptica de consultoría, apoyo académico y docente, entre otros aspectos a señalar.

CAPÍTULO UNO

Perspectivas

1. Introducción.

1.1 Antecedentes.

Este proyecto nace como necesidad de administrar, asesorar infraestructura tecnológica (Tecnologías de la Información y Comunicación - TIC´s) involucrando así personal administrativo, de seguridad, docentes, estudiantes entre otros factores necesarios para llevar a cabo el cambio (outsourcing tecnológico) dentro del Centro Regional Universitario de San Miguelito.

A medida que lleve a cabo una detección de equipo, sea este computadoras de escritorio o laboratorio (WorkStations (labs) o HelpDesk (office), Laptops en sus distintas marcar (Dell´s, HP, Toshiba entre otras), equipo para encaminar o enrutar información se podrá verificar el status de cada una de ellos. La idea que se persigue es poder contar con unas instalaciones tecnológicas renovadas, en la cual se implemente un mantenimiento preventivo y correctivo de los mismos de manera tal que en un promedio de cinco años aproximadamente se pueda seguir contando con esos medios y en condiciones óptimas.

El equipo existente es relativamente nuevo en el Centro Regional de San Miguelito, en cuanto a Laptops, Proyectores para Multimedia, WorkStations, si acaso con dos años de compra, desde el año 2008 aproximadamente, lo que justifica el outsourcing tecnológico (inversión y correctivos preventivos y correctivos en los mismos).

1.2 Planteamiento del problema.

Desde sus inicios, los laboratorios en el Centro Regional de San Miguelito, no han contado con personal especializado en cuanto a cuestiones relaciones con tecnologías e infraestructura para telecomunicaciones, por lo que se ha hecho necesario contratar personal especializado y dedicado en estos aspectos.

Al no existir, esa figura representativa que sirva como asesor y consultor en temas relacionados con las tecnologías de la información se ha requerido de la contratación de personal especializado para resolver problemas concernientes a la puesta a punto de los equipos de cómputo tanto a nivel administrativo como educativo, revisión de la red interna de los laboratorios, re-estructuración del cableado estructurado y puesta a punto , revisión de puntas RJ-45, mantenimiento del equipo de comunicaciones datos entre otros aspectos relevantes.

Es así como nace este proyecto, a partir de equipo y materiales existentes para la manipulación y puesta en marcha de equipo tecnológico y de red. Materiales, algunos en muy buenas condiciones, otros definitivamente en estado para el descarte. No hay que dejar de lado la valiosa colaboración desde la perspectiva humana y administrativa, que es y será de gran ayuda durante la duración y evolución de este proyecto.

1.3 Objetivos.

1.3.1 Objetivo General:

Analizar, observar, recomendar y proponer a nivel de equipos para comunicaciones de datos, direcciones IP, estáticas y dinámicas, DNS, Gateway, Servidor Wins, cableado estructurado y equipos de cómputo y otros aspectos de interés claves para el correcto funcionamiento de laboratorios de cómputo ubicados en el Centro Regional Universitario de San Miguelito.

1.3.2 Objetivos Específicos:

1. Brindar mantenimiento preventivo y correctivo a los equipos de computación.

2. Revisar, analizar e instalar infraestructura a nivel de cableado estructurado.

3. Gestionar la red de datos por cada uno de los laboratorios existentes, así como su respectiva configuración y puesta a punto.

4. Unir correctores y configurar tarjetas para el acceso a la Red Universitaria e Internet.

5. Verificar y configurar el funcionamiento de los equipos de comunicación de datos internos y externos a la red de datos.

CAPÍTULO DOS

Gestión y Administración de Tecnologías
de Información y Networking

(GATIN)

2.1 Mantenimiento Preventivo y Correctivo.

En la mayoría de los casos, cuando se trata de llevar a cabo una inspección ocular, de los distintos laboratorio con sus respectivos equipos, tanto computadoras, como equipo de comunicación de datos, es importante desde sus inicios establecer procesos de control que ayuden a tener un planteamiento inicial del lugar que se esta analizando.

Es aquí, donde el mantenimiento preventivo de la infraestructura, entra en juego, dando lugar a un diagnóstico inicial y rápido de la situación actual para posteriormente pasar a un mantenimiento correctivo.

En el caso, particular, de las instalaciones del Centro Regional Universitario de San Miguelito, el mantenimiento preventivo inicial, consiste, en verificar, el estado inicial de cada una de las computadoras, para lo cual, se contempla, la tarjeta madre, los discos duros, memoria, configuración del equipo, testeo de virus, estado del cableado estructurado, condiciones de los conectores RJ-45 (ensamblaje, etiquetado y prueba), entre otros aspectos a resaltar.

Es posible que durante el proceso de inspección, usted se encuentre, con equipo de cómputo que ha sido violentado, en el sentido, de que le han sacado alguna porción de memoria o que el mismo case o carcasa no ha sido correctamente cerrada, lo cual son indicios de que la infraestructura tecnológica esta siendo manipulada por personal no capacitado o idóneo para estas funciones. Uno de los problemas que se presenta, en este tipo de situaciones, es como controlar el agente o individuo, el cual su modus operandi, es el de sabotear equipo de cómputo, ya que no existen inicialmente cámaras de video que controlen esta situación.

Una vez llevado a cabo el mantenimiento preventivo, se pasa de manera inmediata al mantenimiento correctivo, el cual consiste, para el caso particular del Centro Regional Universitario de San Miguelito, en reemplazar aquellas piezas en mal estado, localizadas a nivel de las pc´s, equipo de transmisión de datos, servidores…etc.

Cabe resaltar que durante el mantenimiento correctivo, se hizo uso de las placas de control y verificación de cada uno de los equipos de cómputo para identificar no solo a cada una de las máquinas por laboratorio, sino que además, sirvió para identificar a cada estación de trabajo dentro de los trabajo en grupo o Workgroups en el momento de conformar las distintas subredes.

En resumen, el contemplar aspectos relacionados con el mantenimiento preventivo y correctivo en las distintas instalaciones o laboratorios de informática, ayuda a tener una panorámica inmediata de la situación actual y por consiguiente hacia donde se debe llegar e ir para contar con unos espacios en idóneas condiciones.

2.2 Cableado Estructurado.

Inicialmente, cuando se procedió con la supervisión de las instalaciones físicas, en el Centro Regional Universitario de San Miguelito, una de debilidades que se pudo constatar era el entubamiento y aislamiento del cableado estructural del resto de la infraestructura del edificio, Ver Figura N° 1, lo que daba lugar, a una mala comunicación y recepción debido a la cantidad de fisuras localizadas en el medio físico de comunicación de datos, como se puede observar en la imagen, por lo que algunos equipos de cómputo no se podían enlazar a la red de la Universidad de Panamá, a través del servidor del CRUSAM.

Figura N° 1. Fisuras en el Cableado Estructurado

Por esta razón, se procedió a llevar a cabo, en algunos salones de cómputo, la reestructuración o cambio total del cableado estructurado, para intentar evitar malos procesos de comunicación entre las PC´s y los equipos de comunicación de datos. Se observa, durante el proceso de cambio total del cableado estructurado, la existencia de conectores RJ-45, mal ensamblados, por lo que hubo que cambiarlos, para una correcta recepción de los datos. Además, se organizaron de forma tal, los conectores, de manera que permitiera su correcta etiquetación para futuras identificaciones.

Es importante resaltar, que durante, la inspección ocular, se observa, en algunos casos, que el blindaje o revestimiento del cableado, está totalmente roto, lo que dejar al descubierto los pares de hilos del cableado, lo que provocaría, perdidas, ruido y atenuación en el medio de comunicación, es decir; por dónde han de viajar los datos o en todo caso, los bits de datos.

Dada las evidencias que se suscitan, se presenta una situación muy particular en uno de los laboratorios, el B-11, donde se hace uso de canaletas para encaminar el cableado estructurado, conectores RJ-45 hembra del tipo Jack, empotrables a la pared de manera tal que pueda recibir el conector RJ-45 macho y cableado CAT-5. Todos estos elementos posteriormente, son centralizados en un pach panel o un panel de control centralizado, que va recogiendo las uniones de cada una de las computadoras para permitir luego la conexión a un swicth de 24 puertos con salida a Internet. Cabe resaltar de todo esto, que no todas las máquinas se pueden conectar, debido a que no se contempló el crecimiento a futuro de la red, así como, el establecer medidas de control para la manipulación indebida de componentes para cableado estructurado.

En resumen, debe contemplarse la planificación y gestión de las redes en cada uno de los laboratorios, lo que a priori, permitirá el crecimiento de cada una de ellas, de manera organizada y centralizada en su respectivo servidor.

2.2.1 Ámbito de aplicaciones de los estándares ANSI/TIA/EIA.

ANSI/TIA/ EIA 568B.1, es un estándar el cual especifica requisitos mínimos para cableados de telecomunicaciones dentro de edificios comerciales y entre edificios comerciales en un ambiente de campus.

Incluye sitios con una extensión geográfica desde 3000 m^2.

Aproximadamente, 10.000 pies^2, hasta 1.000.000 m^2 de espacio de oficina, y con una población de hasta 50.000 usuarios individuales.

Los sistemas de cableado de telecomunicaciones especificados en este estándar son propuestos para tener una vida útil de más de 10 años.

Este estándar aplica a los sistemas de cableado de telecomunicaciones de los edificios de empresas comerciales, que son orientados a oficinas.

2.2.2 Aplicaciones típicas para un sistema de cableado estructurado.

ANSI/TIA/EIA 568B.1, orientado a cableado de telecomunicaciones para edificio especificado por este estándar, es propuesto para dar soporte a una amplia variedad de diferentes sitios de edificios comerciales y aplicaciones, por ejemplo, voz, datos, texto, video e imágenes.

Es común hablar de los sistemas de cableado estructurado como "sistemas de voz y datos". Sin embargo, un enlace de cableado puede dar soporte a otras aplicaciones no tradicionales como por ejemplo, los sistemas de televisión, Ver Figura N° 2.

Figura N° 2 Aplicaciones no tradicionales

2.2.3 Categorías de cableado.

El estándar ANSI/TIA/EIA 568B.2, clasifica las siguientes categorías para cableado de pares trenzados

- **Categoría 5e**, lo que implica que esta designación aplica a los cables de 100 Ohmios cuyas características de transmisión están especificadas hasta 100 Mhz.

- **Categoría 3**, aplica a los cableas de 100 Ohmios cuyas características de transmisión están especificadas hasta 16 Mhz (instalaciones telefónicas).

Las categorías 1, 2, 4 y 5 no son reconocidas como parte de este estándar.

El addendum aprobado ANSI/TIA/EIA 568B.2 – AD1, introduce la categoría 6, con características especificas hasta 250 MHz.

2.2.4 Cables (Planta interna)

2.2.4.1 Cables UTP.

UTP (Unshielded Twisted Pair / Par Trenzado sin Blindaje), estos cables están disponibles en versiones de 4 pares para llegar hasta las estaciones de trabajo, y de 25 pares o más para ser utilizados desde una central telefónica hasta cada piso. El calibre es normalmente 24 AWG.

Algunos cables UTP de 4 pares utilizan una espiral plástica ("spline") como elemento central. Este elemento garantiza la separación entre pares y el trenzado secundario durante la instalación. Este tipo de fabricación es típico en cables de categoría 6.

2.2.4.2 Código de los colores.

Los pares en los cables UTP son organizados en grupos de 5 pares, Ver Figura N° 3, con los siguientes colores:

- Blanco – azul

- Blanco – naranja

- Blanco – verde

- Blanco – café (marrón)

- Blanco - gris

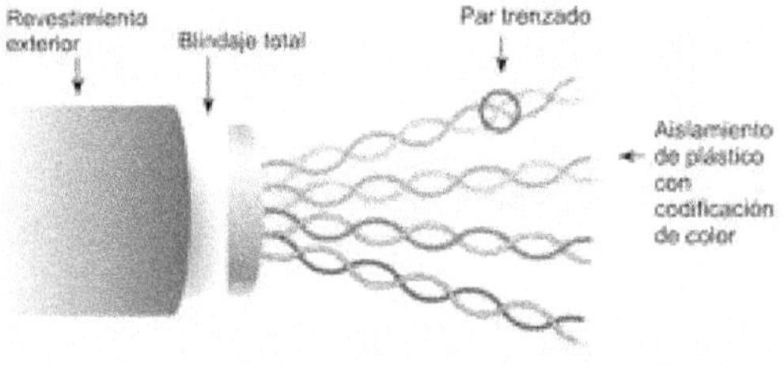

Figura N° 3. Estructura de los cables UTP

2.2.4.3 Pares de cobre.

Los sistemas de cableado estructurado recomendados en los estándares de ANSI/TIA/EIA, utilizan cables de cobre construido a partir de pares de cobre, Ver Figura N° 4.

Figura N° 4. Pares de Cable de Cobre.

Un par de cobre es un conjunto de dos conductores con aislamiento termoplástico, que son entrelazados en forma helicoidal a lo largo de sus longitudes. Esta característica es comúnmente llamada el "trenzado" del par.

2.2.4.4 Trenzado en los pares de cobre.

Cada conductor en un par de cobre es capaz de actuar como una antena, Ver Figura N° 5, irradiando una parte de la señal que transporta.

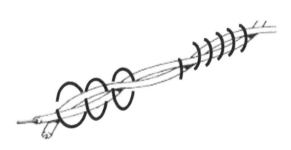

Figura N° 5. Par de Cobre irradiando señal

Trenzando los dos conductores que forman un par de cobre se logra la cancelación de sus respectivas radiaciones, evitando que el par cause interferencia al media ambiente. De igual manera el trenzado disminuye la posibilidad de que el par acepte interferencia proveniente de su entorno.

2.3 Gestión de la red de datos.

Para llevar a cabo la reorganización interna de la direcciones IP, de cada una de las respectivas computadoras, se procedió con el ordenamiento de las direcciones IP, ya existentes, en orden ascendente, de menor a mayor, tomando en cuenta, la máscara, la compuerta de salida o Gateway, el sistema de nombres de dominios o DNS, Servidor Wins, Grupo de Trabajo, entre otros aspectos relevantes.

Direcciones IP.

Un IP, mejor conocido como protocolo de Internet, es una dirección de tipo lógico, la cual puede ser clasificada dentro de las clases A, B, C u otra clase, la cual permite mediante combinaciones de tipo binario, el que una computadora pueda acceder a Internet y estar conectada a su vez a una Intranet, contemplando así, aspectos de seguridad básica hacia los usuarios y para el/los servidores conectados a la "Net".

En un principio, cuando se empezó, a revisar la dirección IP de cada una de las computadoras por cada uno de los respectivos laboratorios, se pudo observar, que las direcciones IP, estaban intercambiadas o no correspondían con el equipo de cómputo respectivo, por lo que hubo que proceder con el reordenamiento de las mismas.

Al llevar a cabo, este reordenamiento de direcciones IP se pudo constatar que en algunos caso algunos concentradores o hub´s no permitían crecimiento para otras conexiones a Internet o en el peor de los casos, las entradas de estos dispositivos no funcionaban, es decir; estaban dañados. Lo más grave y delicado de esta situación, es que un mismo concentrador se utilizaba para conectar dos laboratorios con N cantidad de máquinas, generando una sobrecarga (overhead) a nivel de datos y tráfico de tramas, lo que desencadenaba en la mayoría de los casos, un acceso lento a Internet y en otros casos usuarios frustrados con un acceso casi nulo.

Compuerta de Salida.

Mejor conocida en el argot de las redes de datos, como Gateway, es una dirección IP, que permite mantener conectado el equipo de cómputo del usuario a Internet. Esta dirección lógica, es única en cada una de las terminales las cuáles van a ser conectadas a la Internet, por lo que no puede ser diferente en cada uno de los equipos de cómputo.

Sistema de nombres de dominios (DNS).

DNS, es el estándar en la industria de las redes, denominado el sistema para el nombre de dominios, mejor conocido por sus siglas TCP/IP (Transfer Control Protocol /Internet Protocol), facilitando el que uno pueda asignar nombres al host o equipo de cómputo. El DNS, utilizado para este proyecto, en particular, es el 168.77.150.2, el cual es utilizado en cada una de las máquinas de los respectivos laboratorios.

Servidor Wins.

En la conformación de este proyecto se hace uso, de la siguiente dirección lógica, 10.0.1.8, la cual permite conectar cada una de las terminales o host a otra red, permitiendo hacer uso de un segundo servidor, el cual ayudará a entrar en contacto con una segunda subred, ya sea que se lleven a cabo asuntos de mantenimiento a nivel de aplicaciones u otro experiencia propia de estos entornos.

Grupos de trabajo.

Los grupos de trabajo lo que hacen es agrupar a los usuarios, a través de sus distintas terminales, y como bien lo indica su nombre, son colecciones de máquinas o computadoras, trabajando de manera colaborativa y compartiendo información, entre otros aspecto de interés. Para el proyecto aquí planteado, se establecieron tres grupos de trabajo por cada uno de los laboratorios a usar y reestructurar, por ejemplo SALON_A_34 o SALON_A_33 o SALON_B_12, y así sucesivamente.

2.4 Conectores y Tarjetas de Red.

En las primeras inspecciones llevadas a cabo y en la mayoría de los casos, los conectores del tipo RJ-45, Ver Figura N° 6, se encontraban mal ensamblados o flojos en la base del conector, por lo que se procedió con su respectivo reemplazo.

Figura N° 6 Conector RJ-45

Para el ensamblaje de los conectores RJ-45, se utilizó una herramienta denominada "Climp Tools" mejor conocida como "ponchadora", la cual no debemos confundir con la que se utiliza para ensamblar líneas de Tx (transmisión) y Rx(recepción) a nivel de pach panels o PBx (cajas de telefonía pública). Lo que diferencia una herramienta una de la otra, es que la ponchadora para conectores, permite ensamblar conectores no sólo RJ-45 sino también RJ-11 y permite cortar cable Categoría 5 de 8 hilos mientras que su homóloga tiene una cabeza en forma plana y de "u", donde se inserta el cable, para posteriormente y mediante presión ensamblarlo en el respectiva hendidura del pach panels.

Por otro parte, las tarjetas de red, ya vienen integradas en la misma tarjeta madre, por lo que simplemente hubo que limpiar el respectivo conector de contacto con un dieléctrico (líquido especial para limpiar contactos en frío y quitar asperezas o herrumbre en los conectores). El resultado, que se obtuvo fue una mejora al acceder el canal de comunicación de datos. Además se detectó, que había dos computadoras con las tarjetas de redes integradas, en mal estado.

Es importante señalar, que en esta extensión Universitaria, no se cuenta con un stock de tarjetas de red o NIC (interfaz de interconexión a red), que bien podrían solventar este tipo de situaciones particulares, en dónde la interfaz de red que esta soldada a la tarjeta madre, no funciona, esto para situaciones especificas relacionadas con equipo de sobremesa o desktop. En el caso de contar, con Laptop´s, habría que contar con un stock de tarjetas de red inalámbricas o USB inalámbricos con 300 Mbps de Velocidad y que manejen los estándares de los entornos inalámbricos como son el 802.11 b/g/n.

2.5 Ancho de banda en los cables de pares trenzados.

El ancho de banda no es uno de los parámetros de diseño, o de certificación en el campo especificados en los estándares de ANSI. En su lugar son especificados 10 parámetros de rendimiento, que deben ser comprobados hasta una cierta frecuencia máxima (100 MHz en el caso de los cables categoría 5e).

No obstante, en la industria es común hablar del "ancho de banda" de los cables de pares trenzados. El uso de este término en la industria del cableado, no corresponde a la definición de ancho de banda utilizada tradicionalmente en la práctica de telecomunicaciones.

El término "ancho de banda" no se menciona en los glosarios de los estándares 568B.1 y 568B.2

El ancho de banda es definido comúnmente usado como referencia la siguiente figura N° 7.

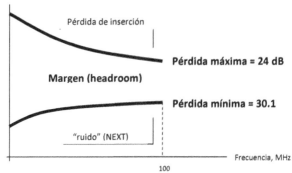

Figura N° 7 Valores para un canal cat 5e

El la Figura N° 7, se puede apreciar que el ancho de banda, tiene un margen de pérdida, máxima y mínima, producido por ruido o pérdida de inserción con respecto al medio de comunicación de datos y el medio utilizado como tal para transmitir y recibir datos. Esta pérdida de potencia en el ancho de banda se da a partir de una frecuencia de 100 MHz.

2.6 Ancho de banda en los sistemas de transmisión de datos.

"Ancho de banda" es un término que también es utilizado por los especialistas en equipos de transmisión de datos, Ver Figura N° 8, aunque con un sentido completamente diferente. En este caso, el "ancho de banda" se refiere a la velocidad de transmisión de datos. Este uso de término es común y no está relacionado de ninguna manera con el ancho de banda de un cable.

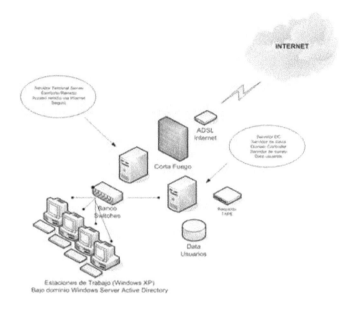

Figura N° 8 Equipos de transmisión de datos

2.7 Ancho de banda.

La confusión entre el "ancho de banda" de los sistemas de datos y el de los sistemas de cableado es común, y se acentúa con la semejanza entre las unidades utilizadas en ambos tipos de sistema, Ver Figura N° 9.

En los sistemas de cableado estructurado se utiliza Megahertz "MHz". "Megas".

En los sistemas de transmisión de datos se emplea Megabits por segundo / Mbps. "Megas".

Tarjeta Interfase de red (NIC) / Fast Ethernet

100 Mbps

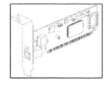

30 Mhz

Figura N° 9 Ancho de Banda.

2.8 Equipos de comunicación de datos.

Los equipos para comunicación de datos, utilizados en su momento, en cada uno de los laboratorios, así como, en otras instancias del mismo Centro Regional Universitario de San Miguelito, son: Un Concentrador de 32 puertos, un Swith, un Router, un Pach Panel de 24 puertos, conectores RJ-45 hembra, un rack o gabinete, Ver Figura N° 10, el cual alberga los distintos tipos de conexiones.

Figura N° 10 Mini Rack para comunicación de datos.

Existen algunos detalles que sobresalen, a nivel de cableado estructurados y dentro del mismo gabinete y es el hecho de que los cables, casi en la mayoría todos son del mismo color, y en algunos las mismas puntas de los conectores RJ-45, están sin etiquetar o no reflejan una identificación que permita identificar a que corresponde el respectivo cable, Ver Figura N° 11. Al presentarse y detectarse estás irregularidades es recomendable, llevar a cabo, una restructuración y ordenamiento, no solo, del cableado estructurado, sino también, de los modem´s y router´s allí ubicados.

Figura N° 11 Mini Rack con sus respectivos pach panels y conexiones.

Al presentarse este tipo de irregularidades en la estructura y ubicación de los cables UTP categoría 5, se puede observar cables que entran y salen, sin especificar la función de cada uno de ellos y su respectiva localización (destino) de dónde deben ir y para qué.

Es importante que exista un etiquetado por cada una de las entradas respectivas al Pach Panel, ya que se da la situación de que existe mucho cableado que viaje a través del cielo raso, el cual viene a caer directamente en el Gabinete para su posterior inserción en el Pach Panel.

CAPÍTULO TRES

Materiales y Métodos

3.1 Materiales.

Para la elaboración de este proyecto – investigación se hicieron uso de los siguientes materiales:

- Cableado Estructurado para empalme de conectores RJ-45 a RJ-45.
- Cortadoras de Cableado Estructurado.
- Tijeras para cortar cable y afinar puntas del cableado estructurado.
- Testeadores de Puntas RJ-45 a RJ-45.
- Un paquete de 100 unidades de conectores RJ-45.
- Un concentrador o hub´s de 24 puertos.
- Un Pach Panel de 24 puertos.
- Un Swich´s de 24 puertos.
- UPS´s o fuentes de regulación de voltaje.
- Sistemas Operativos (Windows Xp) y utilitarios de la compañía Dell.

3.2 Métodos.

El método utilizado en este proyecto es la denominada *investigación – acción*, la cual consiste en recabar información sobre un entorno en particular bajo el auspicio de un investigador (profesor) u otro agente con denominación y conocimientos técnicos. Lo anterior, no solo permite dar solución a un problema en particular sino que también permite al investigador participar de las posibles decisiones para solventar un problema en cuestión.

Cabe resaltar como atributo más importante de esta metodología *es que no tiene un punto final* porque siempre permite plantear nuevas interrogantes, lo que ayuda a generar nuevas ideas para futuros proyectos, como por ejemplo, el instalar un laboratorio de idiomas, específicamente, para la certificación del idioma inglés.

Por tanto se procede con la recogida de información sobre el estado actual de cada una de las máquinas en particular y se analiza mediante el uso de tablas la configuración de las distintas redes, al hacer uso de las direcciones IP, Máscara, Wins, Enlaces (Gateways), entre otros aspectos relevantes.

El **Cuadro N°1**, permite recolectar información con respecto a la arquitectura de red por salón de cómputo, el cual sería el siguiente:

NOMBRE_EQUIPO	GRUPO_TRABAJO	DIRECCIÓN_IP	MÁSCARA	GATEWAY	DNS	SERVIDOR_WINS
Identificado por el número de placa adjunta la chasis del equipo de cómputo, por ejemplo, pc166146	El cual permite unificar y clasificar a las computadoras por área de trabajo, por ejemplo, SALON_A_33, lo que nos indica que todas las computadoras del salón a_33 van a estar identificadas en este grupo de trabajo bajo la denominación A_33.	Es el protocolo de Internet que permite que cada unas de las computadoras se conecte a la red, bajo la siguiente denominación, por ejemplo, 10.0.80.115	Por defecto se hace uso de la máscara 255.255.255.0	Mejor conocid a como compuer ta de salida, será la siguiente: 10.0.80.1	Establ ecido por defect o con los siguie ntes parám etros: 168.77 .150.2	El cual permite llevar actualizacio nes remotas desde otras terminales mediante la siguiente dirección por defecto: 10.0.1.8

Cuadro N° 1. Recolección de información de la Arquitectura de Red por salón de cómputo.

Cabe resaltar que algunos de los parámetros establecidos anteriormente en la arquitectura de red, fueron brindados por la Dirección de Informática, campus central de la Universidad de Panamá. Los mismos son configurados mediante software.

Pero antes hubo que contemplar con que *materiales o activos fijos* se iba a empezar a trabajar. Cabe destacar que se contemplaron aspectos técnicos relacionados con el cableado estructurados, conector RJ-45, cortador de cable, testeador de prueba (punta a punta)...etc. Lo que no existía se compra por autogestión del mismo Centro Regional Universitario de San Miguelito.

Desde sus inicios y en la medida que avanza la inspección en cada una de las computadoras, se detectaron por observación y reconfiguración del BIOS, problemas relacionados con el disco duro, particiones mal elaboradas, discos dañados, tarjetas madres dañadas, fuentes de poder en mal estado, memorias RAM dañada, por mencionar algunos elementos claves dentro del diagnóstico de las computadoras.

Para recabar la información pertinente a los equipos de cómputo se hizo uso del **Cuadro N° 2**, con las siguientes características:

N° de PC	Tarjeta Madre	Disco Duro	Memorias	Fuente de Poder	UPS	Procesador	Internet (acceso)	Modelo
Identifica el total de máquinas en cada uno de los salones de cómputo	Permite verificar si este dispositivo está funcionando correctamente, en caso contrario se reporta como avería	Permite verificar si este dispositivo está funcionando correctamente, en caso contrario se reporta como avería	Permite verificar si este dispositivo está funcionando correctamente, en caso contrario se reporta como avería	Permite verificar si este dispositivo está funcionando correctamente, en caso contrario se reporta como avería	Permite verificar si este dispositivo funciona correctamente, en caso contrario se reporta como avería	Permite verificar si este dispositivo está funcionando correctamente, en caso contrario se reporta como avería	Se verifica si cada una de las máquinas tiene acceso a Internet o no.	Se verifica el modelo de cada una de las computadoras en el laboratorio.

Cuadro N° 2. Recolección de información de acuerdo al modelo y características del equipo de cómputo.

Se hace uso de la siguiente leyenda para identificar el status de cada uno de los computadores en los respectivos salones de cómputo:

SI = 1 = CORRECTO FUNCIONAMIENTO

NO = 0 = MAL FUNCIONAMIENTO

N/S = 3 = REGULAR (no descartable cómo equipo dañado pero se necesita equipo adicional como repuestos y equipo de medición para hacer pruebas).

Con referente, al control de los equipos de comunicaciones de datos se hizo uso de la Cuadro N° 3, con los siguientes atributos:

MODELO DEL EQUIPO	FUNCIÓN	CARACTERISTICAS
Equipo genérico, sin marca especificada	CONCENTRADOR O HUB´S	Actualmente existe uno en funcionamiento
Equipo genérico, sin marca especificada	SWITCH´S / PACH PANEL DE 24 PUERTOS	Actualmente existe uno en funcionamiento

Cuadro N° 3. Recolección de información de los equipos de comunicación de datos.

CAPÍTULO CUATRO

Resultados y Discusión

4.1 Resultados y Discusión.

Para la valoración de cada una de las máquinas ubicadas en los respectivos salones de cómputo se tomó en cuentas, ciertas propiedades o atributos de las mismas, entre las que cabe mencionar:

- Estado de la tarjeta madre.
- Condiciones y funcionamiento del Disco Duro.
- Revisión de las memorias por máquina.
- Estado de la Fuente de Poder y UPS respectivamente.
- Correcto funcionamiento del procesador.
- Manejo, control y actualización del BIOS.
- Condición de los monitores CTR (Tubo de Rayos Catódicos).

Además, de lo anterior, en el caso de los salones A-34 y A-33, hubo que llevar a cabo una verificación y corrección de:

- @ Acceso, configuración y puesta a punto del Internet.
- @ Reconfiguración y diseño del salón A-34 y revisión, re-conexión en el salón A-33 a nivel de cableado estructurado, respectivamente.
- @ Configuración, pruebas de direcciones IP estáticas.
- @ Espacio y la ubicación física del la infraestructura tecnológica.
- @ Condiciones en cuanto a funcionamiento se refiere de los hub´s o concentradores y switche´s.
- @ Funcionamiento de los utilitarios, software y control de virus por computadora.
- @ Control del funcionamiento de las UPS (Unidades de Poder), para el resguardo de la información, caídas de tensión y protección ante fallas eléctricas del equipo de cómputo.

En la sección de anexos se puede analizar la situación actual y la forma en cómo la información se obtuvo y se procedió con su respectiva tabulación y la situación actual de cada uno de los respectivos laboratorios, así como el software instalado en cada una de las máquinas. **Ver Anexos Nº 1, 2 ,3.**

Mediante el uso del Software SPSS, versión 15.0 en español, se puede apreciar, en el Cuadro N° 1 y Gráfico N° 1., que del total de las 18 máquinas, hay 2 de ellas que corresponden al modelo Dell – Optiplex – GX – 270, lo cual representa un 11 por ciento de las máquinas obsoletas frente a las 16 computadores que representa el 89 por ciento de máquina nueva y un estado bastante

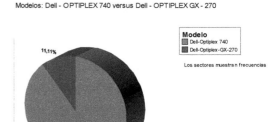

Gráfico N° 1. Comparación de modelos Dell – OPTIPLEX vs OPTIPLEX GX - 2

SALÓN DE CÓMPUTO - A- 34

Modelos: Dell - OPTIPLEX 740 versus Dell - OPTIPLEX GX - 270

		Frecuencia	Porcentaje	Porcentaje válido	Porcentaje acumulado
Válidos	Dell-Optiplex-GX-270	2	11,1	11,1	11,1
	Dell-Optiplex 740	16	88,9	88,9	100,0
	Total	18	100,0	100,0	

Cuadro N° 1. Comparación de los modelos Dell – Optiplex – 740 versus Dell – Optiplex – GX - 270

El siguiente Cuadro N° 2, está relacionado con el estado de tres computadoras, las dos primeras PC – 16 y PC – 17 presentan problemas de conectividad a Internet mientras que la PC – 18 tiene dificultades de funcionamiento a nivel de memoria, fuente de poder, procesador y acceso a internet. Lo anterior representa unbajo en el rendimiento del equipo del 5,6 por ciento con respecto al resto de los equipos, lo que afecta en cierta medida el rendimiento de salón de cómputo A – 34.

Memorias, Fuente de Poder, Procesador, Internet (acceso)

		Frecuencia	Porcentaje	Porcentaje válido	Porcentaje acumulado
Válidos	1	17	94,4	94,4	94,4
	3	1	5,6	5,6	100,0
	Total	18	100,0	100,0	

Cuadro N° 2. Estado de las computadoras PC-16, PC-17 y PC-18 en el salón de cómputo A - 34

26

Por otra parte, el salón de cómputo A-33, en el Gráfico N° 2, permite verificar que el mismo se encuentra en óptimas condiciones para poder operar con sus 16 máquinas.

Gráfico N° 2. Condiciones óptimas del Salón A-33

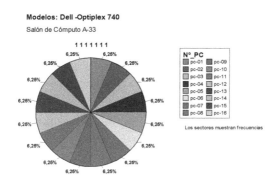

El Gráfico N° 2, permite analizar y contemplar, que cada una de las 16 máquinas tiene a su haber, dentro, a nivel de infraestructura de Hardware, un 6,25 % de que su tarjeta madre, disco duro, memorias, fuente de poder y el acceso a Internet este funcionando en correcto funcionamiento, lo que puede prolongar el período de uso y vida del equipo de cómputo por un periodo de cinco años más a partir del momento en que se empiece a usar y dependiendo del trato y mantenimiento preventivo y correctivo que se le brinde al equipo en cuestión.

El Cuadro N° 3, nos muestra el nivel de frecuencia a nivel interno del hardware por computadora, es del 100%, lo que nos muestra que el porcentaje de rendimiento de cada uno de los equipos se encuentra en óptimas condiciones para un correcto funcionamiento.

Cuadro N° 3. Rendimiento de Hardware Interno de las 16 PC – Salón A-33

	Componentes Internos	Tarjeta_Madre	Disco_Duro	Memoria	Fuente de Poder	Ups	Procesador	Internet
N	Válidos	16	16	16	16	16	16	16
	Perdidos	0	0	0	0	0	0	0

Frecuencia	Porcentaje de rendimiento	Porcentaje válido	Porcentaje acumulado
16	100,0	100,0	100,0

su vez, el salón de cómputo B-12, en el Gráfico N° 3, los equipos a pesar de que se encuentran en perfecto estado de operabilidad, se carece de infraestructura tecnológica, a nivel de equipos de comunicaciones de datos, específicamente, switches y routers, ya que se encuentran conectados parcial o en un nivel mínimo de conectitividad. El carecer de infraestructura tecnológica hace que las máquinas en este salón de cómputo no tengan acceso a Internet en su totalidad.

Gráfico N° 3 Condiciones del Salón de Cómputo B-12

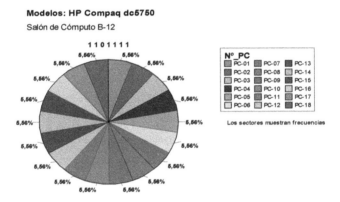

El Gráfico N° 3, permite analizar y contemplar, que cada una de las 18 máquinas tiene a su haber, dentro, a nivel de infraestructura de Hardware, un 5,56 % de que su tarjeta madre, disco duro, memorias, fuente de poder estén funcionando en correcto funcionamiento, lo que puede prolongar el período de uso y vida del equipo de cómputo por un periodo de cinco años más a partir del momento en que se empiece a usar y dependiendo del trato y mantenimiento preventivo y correctivo que se le brinde al equipo en cuestión.

El Cuadro N° 4, nos muestra el nivel de frecuencia a nivel interno del hardware por computadora, es del 95%, lo que nos muestra que el porcentaje de rendimiento de cada uno de los equipos se encuentra en óptimas condiciones para un correcto funcionamiento a excepción de la Conexión a Internet que se encuentra en una fase de interconexión.

Cuadro N° 4. Rendimiento de Hardware Interno de las 16 PC – Salón A-33

	Componentes Internos	Tarjeta_Madre	Disco_Duro	Memoria	Fuente de Poder	Ups	Procesador	Internet
N	Válidos	18	18	18	18	18	18	0
	Perdidos	0	0	0	0	0	0	0

Frecuencia	Porcentaje de rendimiento	Porcentaje válido	Porcentaje acumulado
18	95,0	95,0	95,0

Además, se llevo a cabo una reestructuración de la arquitectura de red por máquina la cual se puede apreciar en los **Anexos N° 4, 5, 6**, respectivamente.

En el salón A-34, la arquitectura de red por máquina (Ver. Figura N°1) ha quedado distribuido de la siguiente forma:

Figura N° 1. Arquitectura de Red – Salón A-34

SALON A - 34

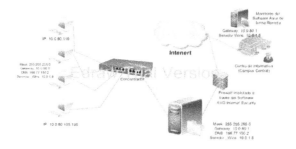

A su vez, el salón A-33, la distribución de red por máquina (Ver. Figura N° 2), se aprecia de la siguiente forma:

Figura N° 2. Arquitectura de Red – Salón A-33

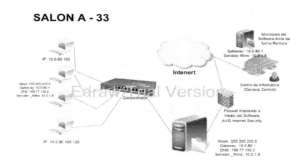

Por consiguiente, el salón B-12, la distribución de red por máquina (Ver. Figura N° 3), se aprecia de la siguiente forma:

Figura N° 3. Arquitectura de Red – Salón B-12

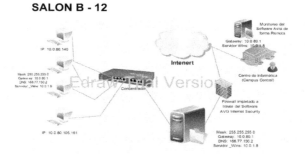

Conclusiones.

Con la elaboración de este estudio, y la puesta en marcha del mismo, se logra reestructurar no solo el sistema de cableado estructurado, el cual estaba lesionado y frágil en dos de los salones de cómputo sino que también se logra que todas las máquinas vuelvan a estar conectadas al Internet, situación que con anterioridad no se presentaba y que era prioridad para el Centro Regional Universitario de San Miguelito.

Sin embargo, cabe destacar que en uno de los salones se le incorporo un switch el cual permite tener interconectado un total aproximado de 18 computadores.

Además, los computadores al no contar con un sistema de antivirus estable y escalable, que permita llevar un control de "código maligno", ahora sí cuenta con uno propio por máquina, lo que facilita la detección y eliminación del mismo.

Es importante señalar que a mediano plazo se invierta en la compra de por lo menos dos concentradores o hub´s, para poder separar en cuanto a funciones se refiere el salón de cómputo A-34 y A-33, ya que sobrecargar y saturar uno solo no es recomendable ni estandarizado y mucho menos normado.

Contar con un recurso humano, es esencial e indispensable para el mantenimiento y puesta a punto de cada uno de los laboratorios. El perfil de este recurso que se vaya a contratar debe tener unas características técnicas, colaborativas, humanas y que maneje diversos aspectos bajo presión y orientado a comunicar información a sus superiores.

La infraestructura a nivel físico, específicamente lo relacionado con los espacios y distribución de recorridos dentro de los mismos laboratorios, no son los más idóneos, ya que se connota un apiñamiento a nivel de alumnos, máquinas e inclusive el mismo inmueble donde reposan las computadoras.

El disponer de un supervisor para los tres laboratorios ayudaría a tener un mejor control en el uso, manipulación y acceso de los equipos de cómputo, de manera tal, que permita alargar la vida de los equipos tecnológicos y telemáticos.

Como trabajos futuros se podría tener presente un sistema de redes sensoriales para el monitoreo cada uno de los laboratorios de cómputo, ya que permitiría llevar un registro por docente, alumnos y aplicaciones en uso, así como medir el nivel de usabilidad por máquina.

Referencias Bibliográficas.

1. Blacharski, Dan. Maximum Bandwidth. USA, Edit. Que Corporation, 1997.

2. García Tomás, Jesús y otros. Redes de alta velocidad. México, Edit. Algaomega Grupo Editor, S.A. de C.V., 1997.

3. Parker, Tim. Aprendiendo TCP / IP en 14 días. México, Edit Prentice – Hall Hispanoamericana, S.A., 1997

4. George C, Sackett and Christopher, Metz. ATM and multiprotocol networking. USA, Edit. McGraw – Hill series on computer communications, 1997.

5. E. Comer, Douglas. Redes globales de información con Internet y TCP/IP. Principios básicos, protocolos y arquitecturas. México, Edit. Prentice – Hall Hispanoamericana, S.A , 1996.

6. N.Chorafas, Dimitris y Steinmann, Heinrich. Realidad Virtual. Aplicaciones prácticas en los Negocios y la Industria. México, Edit. Prentice – Hall Hispanoamericana, S.A., 1996.

7. Tomasi, Wayne. Sistemas de comunicaciones electrónicas. México, Edit. Prentice Hall – Hispanoamericana, S.A, 1996.

8. Ricardo Castro Lechtaler, Antonio y otros. Teleinformática Aplicada, Volumen 1. España, Edit. McGraw – Hill / Interamericana de España, S.A, 1994.

9. Black, Uyless. Frame Relay Networks: specifications and Implementations. USA, Edit. McGraw – Hill series on computer communications, 1994.

10. Boisseau, Marc y otros. Redes ATM: Asynchronous Transfer Mode. Barcelona, Edit. Ediciones Gestión 2000, S.A, 1994.

11. S. Tanenbaum, Andrew. Redes de ordenadores. México, Edit. Prentice – Hall Hispanoamericana, S.A, 1991.

12. Black, Uyless. Redes de computadoras: Protocolos,   Normas e Interfaces. México, Edit. Macrobit Editores, S.A, 1990.

13. Jennings, F. Procesos prácticos en comunicaciones: módems, redes locales y protocolos. Barcelona, Edit. Edunsa, 1989.

14. González Sainz, Néstor. Comunicaciones y redes de procesamiento de datos. México, Edit. McGraw – Hill / Interamericana, S.A, 1987.

ANEXOS

ANEXO N°1 SALÓN DE CÓMPUTO – A-34

Modelos: Dell – OPTIPLEX GX-270 (modelos antiguos) y Dell - OPTIPLEX 740 (modelos nuevos)

N° de PC	Tarjeta Madre	Disco Duro	Memorias	Fuente de Poder	UPS	Procesador	Internet (acceso)	Modelo
PC - 01	SI	SI	SI	SI	SI	SI	SI	Dell – Optiplex 740
PC – 02	SI	SI	SI	SI	SI	SI	SI	Dell – Optiplex 740
PC - 03	SI	SI	SI	SI	SI	SI	SI	Dell – Optiplex 740
PC - 04	SI	SI	SI	SI	SI	SI	SI	Dell – Optiplex 740
PC – 05	SI	SI	SI	SI	SI	SI	SI	Dell – Optiplex 740
PC – 06	SI	SI	SI	SI	SI	SI	SI	Dell – Optiplex 740
PC – 07	SI	SI	SI	SI	SI	SI	SI	Dell – Optiplex 740
PC – 08	SI	SI	SI	SI	SI	SI	SI	Dell – Optiplex 740
PC – 09	SI	SI	SI	SI	SI	SI	SI	Dell – Optiplex 740
PC – 10	SI	SI	SI	SI	SI	SI	SI	Dell – Optiplex 740
PC – 11	SI	SI	SI	SI	SI	SI	SI	Dell – Optiplex 740
PC – 12	SI	SI	SI	SI	SI	SI	SI	Dell – Optiplex 740
PC – 13	SI	SI	SI	SI	SI	SI	SI	Dell – Optiplex 740
PC – 14	SI	SI	SI	SI	SI	SI	SI	Dell – Optiplex GX - 270
PC – 15	SI	SI	SI	SI	SI	SI	SI	Dell – Optiplex GX - 270
PC – 16	SI	SI	SI	SI	SI	SI	NO	Dell – Optiplex 740
PC – 17	SI	SI	SI	SI	SI	SI	NO	Dell – Optiplex 740
PC - 18	SI	SI	N/S	N/S	SI	N/S	NO	Dell – Optiplex 740

Leyenda: SI = Correcto Funcionamiento, NO = Mal funcionamiento y N/S = Regular (no descartable cómo equipo dañado pero se necesita equipo adicional para hacer pruebas).

Observaciones Generales:

❧ Las máquinas que no tienen acceso a Internet es debido a que el concentrador agotó sus respectivos puertos para poder conectar otros equipos de cómputo.

❧ Existe una máquina llamada PC-18, la cual hay que hacerle otras pruebas de diagnóstico pero se requiere de infraestructura tecnológica para poder llevar a cabo dichas pruebas. Debería existir un depósito de fuentes de poder, memorias, procesadores para los equipos nuevos, específicamente las Dell – OPTIPLEX GX – 740.

❧ En este laboratorio de cómputo la mayoría de sus máquinas usan los siguientes característica para Internet:

   ▦ **Rango de IP: 10.0.80.121.... 10.0.80.138** (18 direcciones), dos deshabilitadas por falta de extensión en el concentrador y una pendiente de la PC – 18. Total de direcciones en uso: 15. En crecimiento: 3.
   ▦ **Máscara (Mask): 255.255.255.0**
   ▦ **Compuerta (Gateway): 10. 0. 80. 1**
   ▦ **DNS: 168.77.150.2**

❧ RECOMENDACIÓN: EL ASEO en los laboratorios o salones de cómputo debería ser más constante, ya que se denota mucho polvo y suciedad tanto en la infraestructura física como tecnológica.

🖳 ADVERTENCIA: - Los equipos una vez configurados no deben ser manipulados para otros fines que no sean los didácticos.

   - El estar cambiando y reconectando los dispositivos de las PC's en frío puede causar daños en la infraestructura o corto circuitos. *Se ha notado, en varias ocasiones manipulación del cableado en las conexiones en internet, así como de dispositivos: teclados, mouse, e inclusive algunos Sistemas Operativos empiezan a fallar o a manifestar por pantalla errores de inconsistencias por falta de desconocimiento de cómo debe ser usado por parte del usuario.*

   -Los salones de cómputo no deben quedar a merced del estudiante, siempre debe haber un facilitado o tutor para guiar a sus estudiantes, en caso de que surjan dudas. **Una vez terminadas las clases todos deben retirarse, por lo que no debe quedar nadie en uso de los laboratorios.**

ANEXO N° 2 SALÓN DE CÓMPUTO – A-33

Modelos: Dell - OPTIPLEX 740 (modelos nuevos)

N° de PC	Tarjeta Madre	Disco Duro	Memorias	Fuente de Poder	UPS	Procesador	Internet (acceso)	Modelo
PC - 01	SI	SI	SI	SI	SI	SI	SI	Dell – Optiplex 740
PC - 02	SI	SI	SI	SI	SI	SI	SI	Dell – Optiplex 740
PC - 03	SI	SI	SI	SI	SI	SI	SI	Dell – Optiplex 740
PC - 04	SI	SI	SI	SI	SI	SI	SI	Dell – Optiplex 740
PC - 05	SI	SI	SI	SI	SI	SI	SI	Dell – Optiplex 740
PC - 06	SI	SI	SI	SI	SI	SI	SI	Dell – Optiplex 740
PC - 07	SI	SI	SI	SI	SI	SI	SI	Dell – Optiplex 740
PC - 08	SI	SI	SI	SI	SI	SI	SI	Dell – Optiplex 740
PC - 09	SI	SI	SI	SI	SI	SI	SI	Dell – Optiplex 740
PC - 10	SI	SI	SI	SI	SI	SI	SI	Dell – Optiplex 740
PC - 11	SI	SI	SI	SI	SI	SI	SI	Dell – Optiplex 740
PC - 12	SI	SI	SI	SI	SI	SI	SI	Dell – Optiplex 740
PC - 13	SI	SI	SI	SI	SI	SI	SI	Dell – Optiplex 740
PC - 14	SI	SI	SI	SI	SI	SI	SI	Dell – Optiplex 740
PC - 15	SI	SI	SI	SI	SI	SI	SI	Dell – Optiplex 740
PC - 16	SI	SI	SI	SI	SI	SI	SI	Dell – Optiplex 740

Leyenda: SI = Correcto Funcionamiento, NO = Mal funcionamiento y N/S = Regular (no descartable cómo equipo dañado pero se necesita equipo adicional para hacer pruebas).

Observaciones Generales:

✦ En su mayoría todas las máquinas tienen acceso a Internet en este salón de cómputo.

✦ En este laboratorio de cómputo la mayoría de sus máquinas usan los siguientes características para Internet:

    ▣ **Rango de IP: 10.0.80.105…. 10.0.80.120** (16 direcciones), todas habilitadas y ninguna dirección IP para crecimiento del laboratorio ya que el concentrador agotó el número de conexiones por puerto.

        ▣ **Máscara (Mask): 255.255.255.0**

        ▣ **Compuerta (Gateway): 10. 0. 80. 1**

        ▣ **DNS: 168.77.150.2**

✦ RECOMENDACIÓN: EL ASEO en los laboratorios o salones de cómputo debería ser más constante, ya que se denota mucho polvo y suciedad tanto en la infraestructura física como tecnológica.

▣ **ADVERTENCIA:-** Los equipos una vez configurados no deben ser manipulados para otros fines que no sean los didácticos.

    - El estar cambiando y reconectando los dispositivos de las PC´s en frío puede causar daños en la infraestructura o corto circuitos. ***Se ha notado, en varias ocasiones manipulación del cableado en las conexiones en internet, así como de dispositivos: teclados, mouse, e inclusive algunos Sistemas Operativos empiezan a fallar o a manifestar por pantalla errores de inconsistencias por falta de desconocimiento de cómo debe ser usado por parte del usuario.***

    -Los salones de cómputo no deben quedar a merced del estudiante, siempre debe haber un facilitado o tutor para guiar a sus estudiantes, en caso de que surjan dudas. **Una vez terminadas las clases todos deben retirarse, por lo que no debe quedar nadie en uso de los laboratorios.**

Modelos: HP Compaq dc5750 (modelos nuevos)

Nº de PC	Tarjeta Madre	Disco Duro	Memorias	Fuente de Poder	UPS	Procesador	Internet (acceso)	Modelo
PC - 01	SI	SI	SI	SI	SI	SI	F	HP Compaq dc5750
PC – 02	SI	SI	SI	SI	SI	SI	F	HP Compaq dc5750
PC - 03	SI	SI	SI	SI	SI	SI	F	HP Compaq dc5750
PC - 04	SI	SI	SI	SI	SI	SI	F	HP Compaq dc5750
PC – 05	SI	SI	SI	SI	SI	SI	F	HP Compaq dc5750
PC – 06	SI	SI	SI	SI	SI	SI	F	HP Compaq dc5750
PC – 07	SI	SI	SI	SI	SI	SI	F	HP Compaq dc5750
PC – 08	SI	SI	SI	SI	SI	SI	F	HP Compaq dc5750
PC – 09	SI	SI	SI	SI	SI	SI	F	HP Compaq dc5750
PC – 10	SI	SI	SI	SI	SI	SI	F	HP Compaq dc5750
PC – 11	SI	SI	SI	SI	SI	SI	F	HP Compaq dc5750
PC – 12	SI	SI	SI	SI	SI	SI	F	HP Compaq dc5750
PC – 13	SI	SI	SI	SI	SI	SI	F	HP Compaq dc5750
PC – 14	SI	SI	SI	SI	SI	SI	F	HP Compaq dc5750
PC – 15	SI	SI	SI	SI	SI	SI	F	HP Compaq dc5750
PC – 16	SI	SI	SI	SI	SI	SI	F	HP Compaq dc5750
PC – 17	SI	SI	SI	SI	SI	SI	F	HP Compaq dc5750
PC – 18	SI	SI	SI	SI	SI	SI	F	HP Compaq dc5750

Leyenda: SI = Correcto Funcionamiento, NO = Mal funcionamiento, F = En fase de conexión y N/S = Regular (no descartable cómo equipo dañado pero se necesita equipo adicional para hacer pruebas).

Observaciones Generales:

❋ En su mayoría todas las máquinas no tienen acceso a Internet en este salón de cómputo debido a que no se cuenta con un concentrador para la conexión de sus respectivas PC's.

❋ Desde sus inicios estos sistemas no contaban con drivers externos para poder re-configurar cada unas de las respectivas máquinas, por lo que hubo que crear una base de información con los respectivos drivers, actualmente en existencia.

❋ En este laboratorio de cómputo la mayoría de sus máquinas usan los siguientes característica para Internet:

- ▤ **Rango de IP: aún sin definir y en fase de construcción y diseño.**
- ▤ **Máscara (Mask): 255.255.255.0**
- ▤ **Compuerta (Gateway): 10. 0. 80. 1**
- ▤ **DNS: 168.77.150.2**

❋ RECOMENDACIÓN: EL ASEO en los laboratorios o salones de cómputo debería ser más constante, ya que se denota mucho polvo y suciedad tanto en la infraestructura física como tecnológica.

▤ ADVERTENCIA: - Los equipos una vez configurados no deben ser manipulados para otros fines que no sean los didácticos.

- El estar cambiando y reconectando los dispositivos de las PC's en frío puede causar daños en la infraestructura o corto circuitos. *Se ha notado, en varias ocasiones manipulación del cableado en las conexiones en internet, así como de dispositivos: teclados, mouse, e inclusive algunos Sistemas Operativos empiezan a fallar o a manifestar por pantalla errores de inconsistencias por falta de desconocimiento de cómo debe ser usado por parte del usuario.*

- Los salones de cómputo no deben quedar a merced del estudiante, siempre debe haber un facilitado o tutor para guiar a sus estudiantes, en caso de que surjan dudas. Una vez terminadas las clases todos deben retirarse, por lo que no debe quedar nadie en uso de los laboratorios.

SOFTWARE INSTALADO

Se instaló el siguiente software en cada una de las máquinas:

- Sistema Operativo Windows Xp Professional Edition con Services Pack 2.
- Microsoft Office 2007.
- Antivirus AVG Internet Security (versión: 8.x - licencia indefinida).
- Ccleaner 2.7
- O & O Defrag 8.x (inglés).
- WinZip 11.1 (español).
- WinRar 4.6 (español).
- Adobe Reader 9.1 (español).
- PhotoShop CS4 (español, instalación silenciosa).
- Drivers para cada una de las PC, de acuerdo al modelo establecido.

CENTRO REGIONAL UNIVERSITARIO SAN MIGUELITO
ARQUITECTURA DE RED POR MÁQUINA

ANEXO Nº 4

NOMBRE_EQUIPO	GRUPO_TRABAJO	DIRECCIÓN_IP	MÁSCARA	GATEWAY	DNS	SERVIDOR_WINS
pc165933	SALON_A_34	10.0.80.125	255.255.255.0	10.0.80.1	168.77.150.2	10.0.1.8
pc165943	SALON_A_34	10.0.80.124	255.255.255.0	10.0.80.1	168.77.150.2	10.0.1.8
pc166116	SALON_A_34	10.0.80.123	255.255.255.0	10.0.80.1	168.77.150.2	10.0.1.8
pc165941	SALON_A_34	10.0.80.122	255.255.255.0	10.0.80.1	168.77.150.2	10.0.1.8
pc165942	SALON_A_34	10.0.80.121	255.255.255.0	10.0.80.1	168.77.150.2	10.0.1.8
pc166126	SALON_A_34	10.0.80.134	255.255.255.0	10.0.80.1	168.77.150.2	10.0.1.8
pc150642	SALON_A_34	10.0.80.119	255.255.255.0	10.0.80.1	168.77.150.2	10.0.1.8
pc165944	SALON_A_34	10.0.80.127	255.255.255.0	10.0.80.1	168.77.150.2	10.0.1.8
pc165947	SALON_A_34	10.0.80.126	255.255.255.0	10.0.80.1	168.77.150.2	10.0.1.8
pc166128	SALON_A_34	10.0.80.128	255.255.255.0	10.0.80.1	168.77.150.2	10.0.1.8
pc166130	SALON_A_34	10.0.80.129	255.255.255.0	10.0.80.1	168.77.150.2	10.0.1.8
pc165927	SALON_A_34	10.0.80.130	255.255.255.0	10.0.80.1	168.77.150.2	10.0.1.8
pc166118	SALON_A_34	10.0.80.132	255.255.255.0	10.0.80.1	168.77.150.2	10.0.1.8
pc150641	SALON_A_34	10.0.80.131	255.255.255.0	10.0.80.1	168.77.150.2	10.0.1.8
pc150645	SALON_A_34	10.0.80.133	255.255.255.0	10.0.80.1	168.77.150.2	10.0.1.8
pc165421	SALON_A_34	10.0.80.136	255.255.255.0	10.0.80.1	168.77.150.2	10.0.1.8
pc165919	SALON_A_34	10.0.80.135	255.255.255.0	10.0.80.1	168.77.150.2	10.0.1.8

Observaciones: - existen dos computadoras (pc165421 y pc165919) que no tienen conexión a Internet. Esto debido a que los espacios de conexión al concentrador se agotaron, por lo que no existe la posibilidad de crecimiento de este laboratorio en cuanto a conectar nuevos equipos de cómputo y comunicación de datos.
- Total de máquinas: *17 pc's.*
- *La configuración de la direcciones IP* existe por cada una de las respectivas máquinas.

SALÓN - A - 34

42

CENTRO REGIONAL UNIVERSITARIO SAN MIGUELITO
ARQUITECTURA DE RED POR MÁQUINA

ANEXO Nº 5

NOMBRE_EQUIPO	GRUPO_TRABAJO	DIRECCIÓN_IP	MÁSCARA	GATEWAY	DNS	SERVIDOR_WINS
pc166146	SALON_A_33	10.0.80.115	255.255.255.0	10.0.80.1	168.77.150.2	10.0.1.8
pc165917	SALON_A_33	10.0.80.114	255.255.255.0	10.0.80.1	168.77.150.2	10.0.1.8
pc166144	SALON_A_33	10.0.80.111	255.255.255.0	10.0.80.1	168.77.150.2	10.0.1.8
pc166114	SALON_A_33	10.0.80.110	255.255.255.0	10.0.80.1	168.77.150.2	10.0.1.8
pc165913	SALON_A_33	10.0.80.118	255.255.255.0	10.0.80.1	168.77.150.2	10.0.1.8
pc166110	SALON_A_33	10.0.80.117	255.255.255.0	10.0.80.1	168.77.150.2	10.0.1.8
pc165915	SALON_A_33	10.0.80.120	255.255.255.0	10.0.80.1	168.77.150.2	10.0.1.8
pc165923	SALON_A_33	10.0.80.137	255.255.255.0	10.0.80.1	168.77.150.2	10.0.1.8
pc166134	SALON_A_33	10.0.80.113	255.255.255.0	10.0.80.1	168.77.150.2	10.0.1.8
pc166136	SALON_A_33	10.0.80.112	255.255.255.0	10.0.80.1	168.77.150.2	10.0.1.8
pc165929	SALON_A_33	10.0.80.105	255.255.255.0	10.0.80.1	168.77.150.2	10.0.1.8
pc166104	SALON_A_33	10.0.80.106	255.255.255.0	10.0.80.1	168.77.150.2	10.0.1.8
pc166108	SALON_A_33	10.0.80.109	255.255.255.0	10.0.80.1	168.77.150.2	10.0.1.8
pc165935	SALON_A_33	10.0.80.108	255.255.255.0	10.0.80.1	168.77.150.2	10.0.1.8
pc166106	SALON_A_33	10.0.80.107	255.255.255.0	10.0.80.1	168.77.150.2	10.0.1.8
pc166138	SALON_A_33	10.0.80.116	255.255.255.0	10.0.80.1	168.77.150.2	10.0.1.8

SALÓN A - 3

Observaciones: - a pesar de que el cableado estructurado existe con sus respectivas conexiones a conectores RJ-45, el diseño en si está mal elaborado, en el sentido de que los conectores RJ-45, están mal ensamblados, lo que provoca carencias de acceso a internet o en algunos casos corto circuitos en las entradas RJ-45 del concentrador.

- Total de máquinas: *16 pc´s*
- *La configuración de la direcciones IP* existe por cada una de las respectivas máquinas.

43

CENTRO REGIONAL UNIVERSITARIO SAN MIGUELITO
ARQUITECTURA DE RED POR MÁQUINA

ANEXO Nº 6

NOMBRE_EQUIPO	GRUPO_TRABAJO	DIRECCIÓN_IP	MÁSCARA	GATEWAY	DNS	SERVIDOR_WINS	
pc173200	SALON_B_11	10.0.80.140	255.255.255.0	10.0.80.1	168.77.150.2	10.0.1.8	S
pc17262	SALON_B_11	10.0.80.141	255.255.255.0	10.0.80.1	168.77.150.2	10.0.1.8	A
pc172270	SALON_B_11	10.0.80.142	255.255.255.0	10.0.80.1	168.77.150.2	10.0.1.8	L
pc172263	SALON_B_11	10.0.80.143	255.255.255.0	10.0.80.1	168.77.150.2	10.0.1.8	
pc172264	SALON_B_11	10.0.80.144	255.255.255.0	10.0.80.1	168.77.150.2	10.0.1.8	O
pc172271	SALON_B_11	10.0.80.145	255.255.255.0	10.0.80.1	168.77.150.2	10.0.1.8	N
pc172266	SALON_B_11	10.0.80.146	255.255.255.0	10.0.80.1	168.77.150.2	10.0.1.8	
pc172265	SALON_B_11	10.0.80.147	255.255.255.0	10.0.80.1	168.77.150.2	10.0.1.8	
pc172269	SALON_B_11	10.0.80.148	255.255.255.0	10.0.80.1	168.77.150.2	10.0.1.8	
pc172401	SALON_B_11	10.0.80.149	255.255.255.0	10.0.80.1	168.77.150.2	10.0.1.8	
pc172267	SALON_B_11	10.0.80.150	255.255.255.0	10.0.80.1	168.77.150.2	10.0.1.8	
pc172268	SALON_B_11	10.0.80.151	255.255.255.0	10.0.80.1	168.77.150.2	10.0.1.8	
pc172402	SALON_B_11	10.0.80.152	255.255.255.0	10.0.80.1	168.77.150.2	10.0.1.8	B
pc172274	SALON_B_11	10.0.80.153	255.255.255.0	10.0.80.1	168.77.150.2	10.0.1.8	
pc172275	SALON_B_11	10.0.80.154	255.255.255.0	10.0.80.1	168.77.150.2	10.0.1.8	
pc172272	SALON_B_11	10.0.80.155	255.255.255.0	10.0.80.1	168.77.150.2	10.0.1.8	
pc172276	SALON_B_11	10.0.80.156	255.255.255.0	10.0.80.1	168.77.150.2	10.0.1.8	-
pc172277	SALON_B_11	10.0.80.157	255.255.255.0	10.0.80.1	168.77.150.2	10.0.1.8	1
pc172278	SALON_B_11	10.0.80.158	255.255.255.0	10.0.80.1	168.77.150.2	10.0.1.8	
pc172281	SALON_B_11	10.0.80.159	255.255.255.0	10.0.80.1	168.77.150.2	10.0.1.8	2
pc172279	SALON_B_11	10.0.80.160	255.255.255.0	10.0.80.1	168.77.150.2	10.0.1.8	
pc172280	SALON_B_11	10.0.80.161	255.255.255.0	10.0.80.1	168.77.150.2	10.0.1.8	

Observaciones: - Se carece de conexión a Internet.
- Total de máquinas: *22 pc´s*
- Se requiere de la compra de un concentrador de 24 puertos para la conexión de 22 PC´s.
- Es necesario el diseño y confección del cableado estructurado y la conexión a las puntas de conectores RJ-45 para efectuar las respectivas pruebas de las direcciones IP.
- *La configuración de la direcciones IP* existe por cada una de las respectivas máquinas.